W0200622

ABC der Tiere 4
Arbeitsheft Lesebuch

silbierte Ausgabe

Herausgegeben von

Klaus Kuhn

Erarbeitet von

Katrin Herter, Klaus Kuhn, Christine May

Illustriert von

Heike Treiber

Name: ______________________________

Klasse: ______________________________

Mildenberger

Inhaltsverzeichnis

Dieses Arbeitsheft stellt eine Auswahl dar. Es enthält zu vielen Geschichten des Lesebuches Arbeitsblätter. Zu allen Geschichten des Lesebuches sind im Handbuch (Bestell-Nr. 4402-70) passende Arbeitsblätter als Kopiervorlagen vorhanden.

Schtefanie oder S-tefanie

S. 12

1. Was weißt du über Stefanie?
   a) Wie heißt sie mit Nachnamen?

   b) Wo kommt sie her?

   c) Wie heißen ihre Freundinnen?

   d) Wie heißt ihre neue Tischnachbarin?

2. Was vermisst Stefanie in ihrer neuen Schule?
   Achte auf die Zeilen 19 – 21 und 33, 34.

3. Wie findet Stefanie die neue Sprache? (Z. 28 – 30)

4. Stefanie wird wegen ihrer Sprache ausgelacht.
   Würde ein Kind aus der neuen Klasse in Hamburg ausgelacht werden? (Z. 35 – 40)

5. Wie spricht Stefanie ihren Vornamen aus?

   Am Anfang des Textes ______________________ (Z. 25)

   Am Ende des Textes ______________________ (Z. 54)

6. Warum spricht Stefanie ihren Namen jetzt so wie die Kinder aus der neuen Klasse aus?

Hannes fehlt

S. 14

1. Warum bemerkt keiner, dass Hannes am Abend fehlt? (Z. 20 – 22)

2. Was trifft zu? Kreuze an.

   a) Am Anfang …

   sind die Kinder wegen Hannes’ Verschwinden besorgt. ☐ ja ☐ nein

   wollen sie mehr über Hannes wissen. ☐ ja ☐ nein

   b) Während der Lehrer und der Busfahrer Hannes suchen, …

   fangen die Mitschüler an, sich Sorgen zu machen. ☐ ja ☐ nein

   wollen sie mehr über Hannes wissen. ☐ ja ☐ nein

   c) Als Hannes wieder da ist, …

   sind die Mitschüler froh darüber. ☐ ja ☐ nein

   wollen sie mehr über Hannes wissen. ☐ ja ☐ nein

3. Als Hannes wieder da ist, wollen die Kinder mehr über ihn wissen. Woran erkennt man das Interesse?

4. Worauf werden die Kinder beim nächsten Schulausflug achten? Begründe deine Antwort.

Klassenkeile

S. 16

1. Wann bekommt Clara ein rotes Gesicht? (Z. 4, 5)

2. Welchen Spitznamen hat Clara in der Klasse? (Z. 9)

3. Warum heißt sie so und wer hat sie zuerst so genannt? (Z. 11, 12)

4. Wie nennt Michael sie später und warum? (Z. 29, 30)

5. Auch Bernd hatte früher einen verletzenden Spitznamen. Welchen und warum? (Z. 68)

6. Was erkennt Clara am Schluss? (Z. 73)

7. Was meinst du: Wird Claras Lage sich jetzt verbessern? Begründe.

Klassenkeile

S. 16

Mobbing

*Das Wort „Mobbing“ kommt aus dem Englischen:
to mob = schikanieren, angreifen, bedrängen.
Mobbing bedeutet, dass eine schwächere Person von einer oder mehreren Personen, die stärker sind, immer wieder gehänselt, geärgert und verletzt wird.
Mobbing kann verbal (= mit Worten) passieren oder physisch (= körperlich).*

1. Stimmt es oder stimmt es nicht? Kreuze an.

	Aufgabe 1	Aufgabe 2
Clara wird jedes Mal rot, wenn in der Klasse etwas passiert ist und ihr Lehrer sie anschaut.	☐ stimmt ☐ stimmt nicht	☐ Mobbing ☐ nein
Clara wird von anderen immer wieder wegen ihres Aussehens gehänselt.	☐ stimmt ☐ stimmt nicht	☐ Mobbing ☐ nein
Clara hat Angst vor den anderen.	☐ stimmt ☐ stimmt nicht	☐ Mobbing ☐ nein
Clara kann sich lautstark und selbstbewusst vor den anderen verteidigen.	☐ stimmt ☐ stimmt nicht	☐ Mobbing ☐ nein
Clara hat Freunde, die zu ihr stehen.	☐ stimmt ☐ stimmt nicht	☐ Mobbing ☐ nein
Claras Lehrer nimmt sie in Schutz und vertraut ihr.	☐ stimmt ☐ stimmt nicht	☐ Mobbing ☐ nein

2. Welche der Aussagen zeigen, dass Clara gemobbt wird? Markiere.

3. Nenne jeweils ein Beispiel aus dem Text mit Zeilenangabe, der zeigt, dass Clara verbal und physisch gemobbt wird.

   verbal: ______________________________

   physisch: ______________________________

4. Was kann man gegen Mobbing machen? Sprecht in der Klasse darüber.

____

____

Gereimtes und Ungereimtes

S. 20

1. Das Gedicht „Nicht mit den Wölfen heulen“ hat drei Strophen. Jeder der folgenden Sätze beschreibt eine davon. Ordne zu und trage die richtige Nummer der Strophe ein.

◯ Die anderen versuchten ihn zu überreden und sagten ihm nette Sachen, aber sie überzeugten ihn nicht und sie beschimpften, bedrohten und bespuckten ihn.

◯ Es war einmal ein Junge, der nicht das machte, was die anderen machten, deswegen beschimpften, bedrohten und bespuckten sie ihn.

◯ Der Junge macht das, was er will, ohne Angst zu haben, auch wenn sie ihn beschimpften, bedrohten und bespuckten.

2. Ordne die Redensart ihrer Bedeutung zu. Verbinde.

mit den Wölfen heulen •	• eine Kleinigkeit stark übertreiben
jemanden auf die Palme bringen •	• sich der Mehrheit anschließen; nicht nach eigenen Überzeugungen handeln
aus einer Mücke einen Elefanten machen •	• jemanden anlügen, täuschen
die Katze aus dem Sack lassen •	• jemanden wütend machen
jemanden einen Bären aufbinden •	• jemanden etwas Gutes bieten, was dieser nicht zu schätzen weiß
Perlen vor die Säue werfen •	• jemanden etwas verraten, ein Geheimnis lüften
Schmetterlinge im Bauch haben •	• jemanden provozieren; etwas schlimmer machen
Öl ins Feuer gießen •	• verliebt sein

3. Auf den Seiten „Gereimtes und Ungereimtes“ sind vier Gedichte. Welches Gedicht gefällt dir am meisten? Begründe.

Nicht mit den Wölfen heulen

S. 20

1. Lies jede Strophe noch einmal, bevor du die passende Erklärung ankreuzt.

   a) zur Überschrift: „mit den Wölfen heulen" bedeutet?

   ☐ sich mit den Wölfen unterhalten (1 → o)
   ☐ dasselbe tun, was alle tun (1 → i)
   ☐ mit den Wölfen jagen (1 → y)

   b) zur 1. Strophe, Z. 3: Er „heulte mit den Wölfen nicht" heißt?

   ☐ Er weinte nicht mit. (5 → f)
   ☐ Er sang nicht mit. (5 → r)
   ☐ Er machte nicht mit. (5 → e)

   c) zur 1. Strophe, Z. 6 – 8: Warum „traten sie nach ihm", „schimpften" und „spuckten"?

   ☐ Sie rauften gern und oft. (7 → x)
   ☐ Sie wollten ihm beibringen, wie man kämpft. (7 → c)
   ☐ Sie wollten ihn dazu zwingen, seinen Widerstand aufzugeben. (7 → e)

   d) zur 2. Strophe, Z. 11: Das Wort „schmeicheln" bedeutet?

   ☐ jemandem gratulieren (6 → b)
   ☐ jemanden mit Lob überschütten (6 → n)
   ☐ jemanden streicheln (6 → c)

   e) zur 2. Strophe, Z. 12: Der Satz „sie kriegten ihn nicht rum" will sagen:

   ☐ Sie konnten ihn zwingen, mitzumachen. (4 → g)
   ☐ Sie konnten ihn nicht überzeugen. (4 → d)
   ☐ Sie konnten ihn nicht umdrehen. (4 → w)

   f) zur 3. Strophe, Z. 20: Der kleine Wolf „sang bald sein eignes Lied". Das heißt:

   ☐ Er hatte ein Lied gedichtet und sang es. (2 → j)
   ☐ Er sagte seine eigenen Gedanken. (2 → e)
   ☐ Er wollte, dass die Wölfe sein Lied lernen. (2 → z)

   g) zur 3. Strophe, Z. 21: Er sang es „ohne Furcht und furchtbar laut", denn

   ☐ er war selbstbewusst und hatte Selbstvertrauen. (3 → i)
   ☐ er fand, dass er eine schöne Stimme hat. (3 → v)
   ☐ er wollte seine Angst übertönen. (3 → q)

2. Die Buchstaben hinter den richtigen Antworten aus Aufgabe 1 ergeben das fehlende Wort für den Lösungssatz:

   Nachplappern und Mitmachen ist leicht. Es ist aber manchmal schwer,

   d ___ ___ e ___ ___ ___ ___ ___ Meinung zu sagen.
   (1 2 3 4 5 6 7)

Herr Kratochwil kommt – fast – nie zu spät

1. Nummeriere die Ausreden in der Reihenfolge, wie sie im Buch stehen.

   ◯ Auf dem Weg zur Schule hat er ein Kätzchen von einem Dach gerettet.

   ◯ Zwei Indianer haben auf ihn geschossen.

   ◯ Die Socken wollten nicht in die Schuhe.

   ◯ Auf dem Weg zur Schule hat er unzählige merkwürdige Dinge gefunden.

   ◯ Er balanciert einen Krug Wasser auf dem Kopf wie Frauen und Männer in Afrika.

2. Welche Ausrede ist nicht nur lustig, sondern weist auch auf ein wichtiges Thema hin?

   ____

3. Was ist das wichtige Thema?

   ____

   ____

4. Was erreicht Herr Kratochwil mit seinen Ausreden und Geschichten? Kreuze die richtigen Aussagen an.

   ☐ Die Kinder sind pünktlich in der Klasse.

   ☐ Er kann jeden Tag lange ausschlafen.

   ☐ Die Kinder bringen ihm Geschenke mit.

   ☐ Er kann das Interesse der Kinder auf wichtige Themen lenken.

5. Findest du, Herr Kratochwil ist ein guter Lehrer? Begründe.

   Ich denke, Herr Kratochwil ist ______________________________

   ____

   ____

Prometheus

S. 26

1. Löse das Rätsel mithilfe des Buches.

1) höchster Berg Griechenlands
2) mächtigster aller Götter
3) Göttin der Weisheit
4) Gebirge, an das Prometheus geschmiedet wird
5) Prometheus stiehlt damit das Feuer vom Sonnenwagen
6) Menschenfreund
7) tötete den Adler und befreite Prometheus
8) wurden von Zeus besiegt und vom Gottesthron verstoßen

Lösungssatz: Prometheus brachte den ______________________ das Feuer.

2. Welche Eigenschaft nahm Prometheus von den Tieren?

Vom Hund nahm er ______________________

Vom Löwen nahm er ______________________

Vom Fuchs nahm er ______________________

Vom Stier nahm er ______________________

3. Warum war das Feuer für die Menschen so wichtig?

____

____

4. Warum wollte Zeus nicht, dass die Menschen Feuer bekamen?

____

____

Der Stein der Weisen

1. Trage die Jahreszahlen ein.
2. Ergänze die Lücken.

Gegenwart

heute

Mittlerweile weiß man, dass es hundert verschiedene Elemente gibt, die Schüler im Chemieunterricht ____________ in der Schule kennenlernen.

vor ____________ Jahren

Im Zeitalter der modernen ____________ wird erkannt, dass die 4-Elemente-Theorie falsch ist, denn man findet heraus, dass Wasser kein Element ist, sondern aus Wasserstoff und Sauerstoff besteht.

vor ____________ Jahren

Die Alchemisten untersuchen die verschiedenen Stoffe genauer, indem sie das Material ____________ ____________ ____________ Sie wollen den „Stein der Weisen“ finden.

vor ____________ Jahren

Der berühmte griechische Philosoph Aristoteles erklärt, dass alles in der Welt aus den vier Elementen ____________ ____________ zusammengesetzt ist.

vor ____________ Jahren

In der Bibel steht eine Geschichte, die erzählt, wie Gott die ganze Erde und den ____________ erschaffen hat.

Vergangenheit

Johann Friedrich Böttger und das „weiße Gold“

S. 30

1. Vervollständige den Text. Die fehlenden Angaben findest du alle im Lesebuch auf den Seiten 30 und 31.

Johann Friedrich Böttger

Johann machte seine Ausbildung bei einem bekannten Berliner ______________. Er zeichnete sich durch ______________________________ ______________________ aus. Auch hatte er eine besondere Begabung für ______________. Es war aber sein großer Traum, eines Tages ______________ ______________. Neben der Herstellung der Arzneien beschäftigte er sich mit der ______________, der Lehre zur Herstellung des „Stein der Weisen“. Sein Lehrmeister hielt nicht viel von der Geldmacherei und forderte ihn zu einer öffentlichen Probe auf. Böttger gelang es, die ______________________ ______________________________ vorzutäuschen. Der ______________________ nahm den „Goldjungen“ in seine Dienste, damit er ihm Gold herstellt. Böttger konnte dies aber nicht und floh. Er kam als Gefangener an den sächsischen Hof. Dort verfolgte er ein neues Forschungsziel: ______________________________. Nach vielen Versuchen gelang es ihm, das erste eigene Porzellan zu präsentieren. Böttger übernahm ______________________________ in Meißen. Aber er wollte immer noch ______________ herstellen können. Dazu kam es aber nicht. Durch das jahrelange ______________________________ und den ständigen Umgang ______________________________ erkrankte Böttger und starb.

2. Wie wurde das Porzellan noch genannt?

____

Feuer – Naturgewalt aus der Tiefe der Erde

S. 32

1. Betrachte das Bild zum Text.
   a) Schau dir die Farben. Wie wirken sie auf dich?

   b) Schau dir die Menschen an. Was machen sie?
   Welchen Gesichtsausdruck haben sie?

   c) Was passiert im Hintergrund?

2. Wann begann der Ausbruch des Vesuvs?

3. Wussten die Menschen in Pompeji, dass der Berg ein Vulkan ist?

4. Wohin flüchten die Menschen aus der Stadt?

5. Was passierte mit der Stadt Pompeji?

Feuer – Naturgewalt aus der Tiefe der Erde

S. 32

1. Was passiert wann?
   Trage die Sätze richtig ein.

Die Tiere sind unruhig.

Wo früher eine Stadt stand, ist nichts als tote Aschewüste.

Eine Aschewolke steigt auf.

Die Erde bebt.

Eine glühend heiße Wolke wälzt sich die Hänge herab.

~~Die Tiere sind unruhig.~~

Pompeji ist zerstört.

Es regnet Gesteinsbrocken.

Es regnet kleine Bimssteinbrocken.

2. Auch in der heutigen Zeit kommt es immer wieder zu Vulkanausbrüchen.
   Informiere dich in Büchern oder im Internet.

Waris Dirie – Ich war ein Hirtenmädchen

S. 34

1. Ergänze den Satz mit den passenden Wörtern.
   Schreibe jeden Buchstaben einzeln.

   Die Autorin beschreibt in ihrem Buch _ _ _ _ _ _ _ _ _ _ _ _ _ _ (1)

   ihr Leben in _ _ _ _ _ _ _ (2) *in* _ _ _ _ _ _ _ _ _ _ (3)

   und wie sie als _ _ _ _ _ _ _ _ _ _ _ _ _ (4)

   stets auf der _ _ _ _ _ (5) _ _ _ _ _ _ _ _ _ _ _ *war.*

2. Die Buchstaben über den Zahlen aus Aufgabe 1 ergeben die Lösung.

   Lösungswort: _ _ _ _ _ (1) 2) 3) 4) 5)) Lösungssatz: ______________ bedeutet Wüstenblume.

3. Betrachte die Tabelle im Lesebuch auf Seite 35.

   a) Pro Kopf verbraucht jemand in Deutschland viel mehr Wasser als in Afrika.

      Wie viel Liter mehr? ______________________

   b) Wir benötigen Wasser nicht nur zum Essen und Trinken, sondern auch noch für viele andere Dinge. Ein paar stehen auch schon in der Tabelle.
      Nenne noch mehr Dinge, wofür wir Wasser benötigen.

      ____

      ____

      ____

4. Sammelt Ideen, wie wir bei uns Wasser sparen können, wenn es nötig ist.

   ____

   ____

   ____

5. 20 l Wasser ist nicht viel.
   Kreuze an, welches Bild die ungefähre Menge Wasser zeigt.

○ 

○ 

○ 

Die Kraft des Windes

1. Verbinde die Aussagen mit den richtigen Jahreszahlen.

- vor 100 Jahren (1913) o
- vor 200 Jahren o
- vor 300 Jahren o
- vor 1000 Jahren o
- vor mehreren tausend Jahren o

- o Die Dampfmaschine wird erfunden. Die durch Dampf erzeugte Kraft ist viel stärker und unabhängig von der Laune des Windes.
- o Das Bild der Städte wird von den hohen, qualmenden Schornsteinen beherrscht.
- o Die Kraft des Windes wird auch „über Land" eingefangen: Windmühlen werden als „Antriebsmotoren" eingesetzt.
- o Die Kraft des Windes wird als Antrieb für Flöße, Boote und Schiffe entdeckt.
- o In der Stadt Amsterdam drehen sich ungefähr 500 Windmühlenräder.

2. Die Erfindung der Dampfmaschine führte zum „Mühlensterben".
   Was war der Vorteil der Dampfmaschine gegenüber den Windmühlen?
   (Z. 12 – 15)

____

____

____

3. Was ist der Vorteil der Windenergie gegenüber der Energie aus Brennstoffen? (Z. 48, 29)

____

____

diskontinuierlicher Text

Zwei Augenbrauen sind besser als eine

S. 46

1. Was weißt du über die 3 Personen? Ordne zu.

Name			
Alter			
Familie			
besonderes „Kennzeichen"			
So denkt sie über den Vorfall:			

2. Was ist genau passiert? Beachte die Zeilen 11, 12 und 23, 24.

Zwei Augenbrauen sind besser als eine

S. 46

1. Woran merkt man, dass Indie weiß, dass sie etwas falsch gemacht hat? (Z. 12, 13)

2. Indie mag ihre Mutter sehr gern. Was mag sie aber nicht? (Z. 15, 16)

3. „Mam" möchte, dass sich Indie bei Kati entschuldigt.
   Findest du es richtig? Kreuze an und begründe.

   ☐ Ich finde es richtig, dass sie sich entschuldigt, …

   ☐ Ich finde es nicht richtig, dass sie sich entschuldigt, …

   weil

4. Kati findet das alles nur halb so schlimm.
   Womit vergleicht sie Indies Dummheit? (Z. 30 bis 33)

5. Wie geht die Sache für Indie aus? Schreibe deine Meinung.

Das geht Frau Neugebauer überhaupt nichts an

1. Kreuze an.

   a) Als Hannes ins Kinderzimmer stürmt, ist er

   ☐ traurig. ☐ wütend. ☐ krank.

   b) Er hat gehört, wie seine Mutter etwas Vertrauliches

   ☐ über seine Schwester erzählt hat.
   ☐ über ihn erzählt hat.
   ☐ über ihren Vater erzählt hat.

   c) Nachdem er seiner Schwester erzählt hat, was passiert ist,

   ☐ kann sie seine Wut verstehen.
   ☐ findet sie seine Reaktion übertrieben.
   ☐ geht es ihm besser, weil er über seine Gefühle gesprochen hat.
   ☐ fühlt er sich noch genauso wütend wie vorher.

2. Wie könnte die Geschichte weitergehen?
   Die Tipps unten können dir helfen.

____

____

____

____

____

____

- Hannes und Anne sprechen mit ihrer Mutter und bitten sie, zukünftig nicht mehr über sie zu sprechen.
- Die Geschwister erzählen der Nachbarin etwas Persönliches von der Mama und zeigen ihrer Mutter so, wie es sich anfühlt.
- Die Geschwister trösten sich gegenseitig und sprechen nicht mehr darüber.

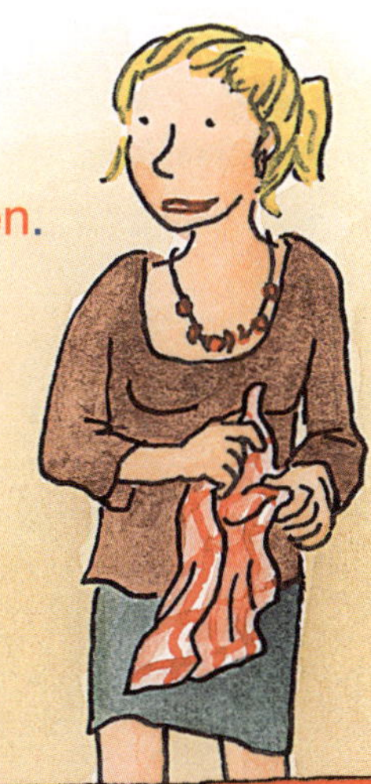

Die Klassenfahrt

S. 50

1. Warst du schon einmal auf einer Klassenfahrt oder auf einem Ferienlager?
   Fülle die Tabelle aus.

	zu Hause	Klassenfahrt / Ferienlager
Wer weckt dich?		
Wer macht dir Essen?		
Mit wem teilst du ein Zimmer?		
Wann gehst du ins Bett?		
Gibt es ein Ritual vor dem Schlafengehen?		
Was tust du, wenn du nicht schlafen kannst?		

2. Wen oder was vermisst du am meisten, wenn du weg bist?

3. Kannst du Jannas Angst verstehen? Kreuze an und begründe.

☐ Ja, weil

☐ Nein, weil

4. Hattest du auch schon einmal Heimweh? Kennst du jemanden, der Heimweh hatte?
   Wie wurde das Heimweh überwunden?

Die Klassenfahrt

S. 50

1. Wohin geht die Klassenfahrt? (Z. 10 und 12)

2. Was soll Janna mitbringen? (Z. 10)

3. Warum will Janna nicht mit auf die Klassenfahrt? (Z. 23 bis 27)

4. Welche Mittel wurden Janna und Leonie gegen ihr Heimweh gegeben? (Z. 34 bis 38)

5. Warum geht Janna am Ende doch mit auf die Klassenfahrt? (Z. 43 bis 47)

Der gelbe Junge

S. 52

1. Was weißt du über die Personen? Male an:
   Mark = gelb
   Marks Familie aus Vietnam = hellblau
   Marks Familie in Deutschland = dunkelblau
   Marks Spielkameraden = grün
   Marks Lehrer = orange
   Marks Mitschüler und Tom = rot

ist überfreundlich zu Mark

sind hundsgemein

schämt sich

starren ihn an, als wäre er vom Mars

hänseln ihn wegen seiner Hautfarbe

liebt Mark, so wie er ist

behandelt Mark nicht wie jeden anderen Schüler

sehen in Mark einen Freund

Mark ist wie ein Sohn oder Bruder

fühlt sich als Deutscher

die Mutter ist umgekommen

der Vater ist im Krieg verschollen

nennen ihn „der Gelbe“

wehrt sich mit Worten und Tritten

Geschwister wurden in getrennten Heimen abgegeben

will Mark beschützen

fühlt sich in Deutschland nicht willkommen

hat Angst und Wut

2. Was weißt du über Vietnam? Informiere dich mit dem Stichwort „Vietnam“ bei www.blinde-kuh.de im Internet.

Ich bin so

 S. 55

1. Das Gedicht hat 5 Strophen. Jeder der folgenden Sätze beschreibt eine davon. Ordne zu und trage die richtige Nummer der Strophe ein.

2. Kennst du dieses Gefühl von Traurigkeit? Was hilft dir dann, wieder fröhlich zu werden?

____

____

____

____

3. Das Gedicht beschreibt starke Gefühle. Schreibe die vierte Strophe um, sodass sie etwas anderes ausdrückt, z. B.: Fröhlichkeit, Glück, Wut, Vorfreude oder Stolz auf eigene Leistungen.

Ich bin so

so ____________________,

dass ____________________ *nur so* ____________________

____

immer nur so ________________________________

dass ______________________________________

____

Die Veilchentasse

S. 58

1. Z. 1 – 32: Sammle alle Informationen, die zeigen, dass die Oma nicht mehr ganz gesund ist.

2. Z. 33 – 39: Die Mutter sagt, dass die Oma dauernd jemand braucht, der auf sie aufpasst und dass sie das zu Hause nicht mehr leisten können.
   Welche Lösung haben sie und ihr Mann gefunden?

3. Z. 40 – 44: Wie reagiert die Oma, als sie erfährt, dass sie weggebracht wird?

4. Z. 45 – 52: Kann Marlies die Entscheidung ihrer Eltern verstehen? Erkläre.

5. Z. 53 – 58: Wo geht Marlies hin, als ihre Eltern mit der Oma weggefahren sind?

Die Veilchentasse

6. Z. 55, 56: Was hat ihre Mutter für Oma eingepackt?

7. Z. 57, 58: Was kann die Oma nicht mit ins Heim nehmen, weil sie dort nur einen Kleiderschrank hat?

8. Z. 17 – 25: Welche Erinnerung hat Marlies an die Tassen?

9. Z. 53 – 71: Jetzt ist ihre Oma weg und die Tassen stehen noch da. Wie fühlt sich Marlies?

10. Z. 59 – 66: Sie möchte weinen, aber sie kann es nicht. Was tut sie?

11. Z. 18 – 22: Warum zerstört Marlies die Veilchentasse nicht?

Für Samay

S. 61

Information

Heinrich Böll war ein berühmter deutscher Schriftsteller. Er ist am 21. Dezember 1917 in Köln geboren und am 16. Juli 1985 in Kreuzau-Langenbroich (Nordrhein-Westfalen) gestorben. Im Jahr 1972 erhielt er den Nobelpreis für Literatur.

1. Kreuze an. Bei Aufgabe b) sind mehrere Antworten möglich.

   a) Der Autor Heinrich Böll hat das Gedicht „Für Samay“ für

   - ☐ seine Frau geschrieben.
   - ☐ seine Tochter geschrieben.
   - ☐ seine Enkelin geschrieben.

   b) Er möchte ihr mit dem Gedicht sagen, dass

   - ☐ sie eine Familie hat, die für sie da ist.
   - ☐ sie bald gemeinsam einen Familienurlaub machen werden.
   - ☐ jeder, der geboren wird, auch irgendwann sterben muss.
   - ☐ sie im Leben alleine auf sich gestellt ist.
   - ☐ keiner aus der Familie den anderen unterstützt.
   - ☐ sie keine Angst davor haben soll, wenn er bald stirbt.
   - ☐ er sie liebt.

2. Finde Beispiele, wie deine Familie dir hilft und dich unterstützt.

____

____

____

____

____

Erstens, zweitens, drittens

S. 62

1. Jetzt ist es soweit. Katrin erzählt ihren Enkeln von ihrem Opa.
   Vervollständige die Sätze.

„Ich mochte meinen Opa sehr gerne. Von seinem Körperbau her, war er (Z. 5, 6)

______________________________, genauso wie sein Grabstein es heute noch ist.

Oft war er auch sehr (Z. 6) ______________ und tat nur, was er selbst wollte.

Zusammen gingen wir gerne im (Z. 7, 8) ____________________________________.

Dort erzählte er mir immer etwas. Wir redeten über vieles: zum Beispiel über (Z. 8 – 10)

____

____

____. Komisch, aber mit anderen

Leuten sprach Opa nicht so gern. Da schwieg er lieber, (Z. 12) __________________

____. Natürlich habe ich ihn

einmal gefragt, warum er ausgerechnet mit mir so gerne sprach. Da setzte er sich

auf die Bank und (Z. 15) _________________________. Dann sagte er leise:

Erstens, (Z. 16) ____

Zweitens, (Z. 19) ____

____

____

Drittens, (Z. 25) ______________________________

____

____

Und mit seinem „Drittens“ hat er recht gehabt.
Ich denke noch oft an ihn und heute erzähle ich
euch von ihm, so wie er es wollte ...“

2. Warum ist es wichtig, auch als Erwachsener neugierig zu sein? Begründe.

____

____

Die Puppe

S. 64

1. In der Zeit nach dem Zweiten Weltkrieg sind Lebensmittel sehr knapp und teuer.

   a) Was kostet zum Beispiel ein Pfund Butter? ______________________

   b) Was kostet die Puppe, die Lis haben möchte? ______________________

2. Was tut Lis, um die Puppe zu bekommen?

3. Was passiert, als sie an der Reihe ist?

4. Was hältst du davon, dass Lis das Geld in den Fluss wirft?

5. Wie ergeht es Lis im Klassenzimmer?

6. Die Frau, die mit Lis in der Schlange vor dem Laden steht, äußert sich über Geld in der damaligen Zeit. Was sagt sie? Erkläre mit deinen eigenen Worten.

Parzival und die Ritter der Tafelrunde

S. 66

1. Kreuze die richtigen Antworten an.

   a) Parzival möchte Ritter werden, seine Mutter ist dagegen. Warum?

   ☐ (P) Sie möchte, dass ihr Sohn Koch beim König wird.

   ☐ (R) Sie findet das Ritterdasein zu gefährlich.

   b) Parzival reitet nach Camelot. Auf wen trifft er zuerst?

   ☐ (A) Er trifft auf Lancelot.

   ☐ (I) Er trifft auf einen Ritter in roter Rüstung.

   c) Welches Versprechen macht der Rote Ritter Parzival, wenn er den goldenen Becher zu Artus bringt?
   Er verspricht ihm,

   ☐ (F) dass er sofort zum Ritter geschlagen würde.

   ☐ (T) dass er sich etwas wünschen dürfe.

   ☐ (G) dass er eine Rüstung und ein Pferd bekomme.

   d) Parzival will ein Ritter werden. Was sagt Artus dazu?

   ☐ (T) „Erst wenn du die ritterlichen Tugenden kennst und eine Rüstung und ein Pferd besitzt, kannst du die Ritterschaft erlangen."

   ☐ (S) „Erst wenn du ein Abenteuer bestanden hast, kannst du die Ritterschaft erlangen."

   ☐ (L) „Erst wenn du mir dein Gehöft überlässt, kannst du die Ritterschaft erlangen."

   e) Wie gelangt Parzival zu Rüstung und Pferd?

   ☐ (J) Der Rote Ritter löst sein Versprechen ein und übergibt ihm seine Rüstung und sein Pferd.

   ☐ (E) Parzival erzürnt den Roten Ritter und tötet ihn im Zweikampf mit seinem Wurfspieß.

   f) Warum weint Parzival am Ende bitterlich?

   ☐ (R) Parzival ist traurig darüber, dass er für seinen größten Wunsch einen Menschen getötet hat.

   ☐ (E) Parzival hat gemerkt, dass er gar kein Ritter mehr sein möchte.

2. Trage das Lösungswort ein.

   Lösungswort: Parzival will __ __ __ __ __ __ werden, wie sein Vater einer war.
   a) b) c) d) e) f)

Gar nicht so einfach

S. 70

1. Lies noch einmal nach.

   a) Wer wird ohne Ilse des Lebens nicht mehr froh?

   ☐ Till ☐ Joe ☐ Mario

   b) Wer sagt einem Mädchen offen ins Gesicht, dass er sie nicht mag?

   ☐ Markus ☐ Harald ☐ Klaus

   c) Wen mögen alle gern?

   ☐ Benjamin ☐ Ben ☐ Mario

   d) Wer liebt seine Lehrerin?

   ☐ Alois ☐ Jens ☐ Joe

2. Erkläre den Ausdruck „sein Herz an jemanden verlieren" mit deinen eigenen Worten.

   ____

   ____

   ____

   ____

   ____

   ____

3. Welche Redensarten haben etwas damit zu tun, dass man verliebt ist? Kreuze an.

   ☐ Ich habe das Herz am rechten Fleck.

   ☐ Ich habe Schmetterlinge im Bauch.

   ☐ Ich schwebe auf Wolke sieben.

   ☐ Mir rutscht das Herz in die Hose.

   ☐ Ich habe Flugzeuge im Bauch.

   ☐ Mir schlägt das Herz bis zum Hals.

Tomas

S. 71

Als Tomas und Bille ________________ Jahre alt waren, war Bille schon ________________ Jahre lang die Freundin von Tomas. Auf einmal kam ein anderer Junge. Er hieß ________________. Dieser zog ins ________________ von Bille. Er war auch zehn Jahre alt. Bille ________________ sich auf den ersten Blick in ihn. Ab diesem Zeitpunkt war Bille die Freundin von Konrad. Tomas war sehr ________________. Keiner konnte ihm ________________. Dann, eines Tages, nach vielen Wochen, rief Bille wieder an. Sie wollte wieder mit ________________ befreundet sein. Obwohl seine Familie ihm davon abriet, ging Tomas wieder zu Bille zurück.

1. Fülle die Lücken aus. Verwende die Wörter im Bild.

2. Warum verlässt Bille Tomas?

____

3. Wie fühlt sich Tomas, als Bille ihn verlässt?

____

4. Warum ruft Bille wieder an?

____

____

5. Warum geht Tomas ohne zu überlegen zu Bille zurück?

____

Markus mag Maja

 S. 72

1. In welchen Zeilen werden Markus' Gefühle deutlich?
   Schreibe sie auf.

Z. 1	Seit einer Woche geht es Markus richtig schlecht.	☹
Z. 4		
Z. 10		
Z. 15		
Z. 19, 20		
Z. 24		
Z. 26		
Z. 28		
Z. 34, 35		
Z. 44		

2. Male ein ☺ dahinter, wenn er sich gut, und ein ☹, wenn er sich schlecht fühlt.

Mädchentore zählen doppelt

S. 74

1. Lies die Zeilen 10 bis 17.

   a) Warum bestimmt Herr Wiedemeyer diese Jungen als Mannschaftsführer? Kreuze an.

   - ☐ Weil Robin, Josef und Olli in der alphabetischen Klassenliste ganz unten stehen und bei diesem Spiel dran sind.
   - ☐ Weil sie besonders viel von Taktik beim Fußball verstehen.
   - ☐ Weil er meint, dass es für die unsportlichen Jungen eine Schmach wäre, nach den Mädchen gewählt zu werden.

   b) In welcher Reihenfolge werden die Schüler in die Mannschaft gewählt? Nummeriere.

   - ◯ andere Jungen
   - ◯ Mädchen
   - ◯ gute Spieler, die im Verein spielen

2. Findest du das Vorgehen, wie die Mannschaften gewählt werden, fair? Begründe.

3. Hätten die Mannschaftsführer damit rechnen müssen, dass Lola eine gute Fußballspielerin sein könnte? Kreuze an und begründe.

   ☐ Ja, weil …　　☐ Nein, weil …

Mädchentore zählen doppelt

S. 74

1. Es gibt die besondere Regel, dass Mädchentore doppelt zählen.
   Beantworte die Fragen.

   a) Nutzen die Jungen den taktischen Vorteil, Tore von Mädchen machen zu lassen?
   (Z. 29 bis 33)

   b) Nehmen die Jungs Lola ernst, als sie ihr erstes Tor schießt?
   (Z. 45 bis 47)

2. Wird es in Zukunft die Regel, Mädchentore zählen doppelt, noch geben?
   Begründe.

3. Wie wird es beim nächsten Fußballspiel sein? Schreibe eine kurze Geschichte.
   Die Wörter unten helfen dir dabei.

Schluss mit den Befehlen

S. 77

1. Die Tiere geben Befehle. Wie reagiert das „Ich" darauf?

   a) Schreibe auf, was das „Ich" sagt.

   Z. 5: ______________________

   Z. 11: ______________________

   Z. 17, 18: ______________________

   ____

   b) Was ändert sich?

   ____

   ____

   ____

2. Wie reagieren die Tiere zum Schluss?

   ____

   ____

   ____

3. Hast du auch schon einmal – wie das „Ich" im Gedicht – ganz deutlich deine Meinung gesagt?
   Erzähle.

   ____

   ____

   ____

   ____

   ____

   ____

   ____

   ____

   ____

Die Schwabenkinder

S. 80

1. Woher kamen die Hütekinder?

   Sie kamen aus

2. Wohin gingen sie?

   Sie gingen nach

3. Wie alt waren sie?

4. Von wann bis wann arbeiteten sie im Jahr?

5. Als was arbeiteten sie?

6. Wie viele Hütekinder kamen jährlich nach Oberschwaben?

7. Nenne Stichworte aus dem Text, die beschreiben, wie die Reise für die Kinder war.

8. Was geschah nach ihrer Ankunft?

Die Schwabenkinder

S. 80

1. Warum wurden die Kinder von ihren Eltern nach Oberschwaben geschickt?

____

____

____

2. Welchen Lohn erhielt ein Hütekind am Ende seines Dienstes?

____

3. Lies die Informationskästen auf S. 83.

   a) Wie viel war ein Gulden für eine Familie wert?

   ____

   ____

   b) Trage die richtigen Jahreszahlen ein und ergänze die Lücken.

16. Jahrhundert	*Die Schwabengängerei wird erstmals erwähnt.*
1884	*Die Arlbergbahn wird eröffnet und erleichtert ______________________.*
________	*Ein Verein kümmert sich um die Tiroler Hütekinder.*
________	*Die Kindermärkte werden ______________________.*
________	*Die Einführung der allgemeinen ______________________ beendet die Schwabengängerei endgültig.*

In Württemberg gab es ab 1836 eine Schulpflicht, die aber nicht für ausländische Kinder galt.

Die Schwabenkinder

Kinderarbeit

Unter Kinderarbeit versteht man heute alle Tätigkeiten von unter 18-Jährigen, die ihnen schaden oder sie am Schulbesuch hindern.

1. Handelt es sich bei dem, was Johann und die anderen Schwabenkinder tun, um Kinderarbeit? Entscheide und begründe.

   ☐ Ja, weil ☐ Nein, weil

2. In welchen Fällen handelt es sich um Kinderarbeit? Kreuze an.

   ☐ Hannes aus Deutschland, 17 Jahre, hilft seinem Onkel samstags in dessen Werkstatt. Er bekommt Geld dafür.

   ☐ Maria aus Italien, 12 Jahre, muss zu Hause staubsaugen.

   ☐ Emilio, 14 Jahre, ist Schuhputzer in Brasilien und arbeitet den ganzen Tag vor dem Bahnhof.

   ☐ Daniel, 11 Jahre, ist englischer Schauspieler. Er spielt eine Hauptrolle und steht jeden Tag vor der Kamera. Nachmittags hat er Unterricht bei einem Privatlehrer.

   ☐ Sashi aus Indien, 8 Jahre, hilft ihrem Vater in der Ziegelbrennerei. Dieser bekommt mehr Lohn, weil er mehr Ziegel brennen kann.

3. Informiere dich im Internet bei www.blinde-kuh.de über Kinderarbeit.

   a) Wo gibt es Kinderarbeit?

   b) Welche Gründe gibt es dafür?

Maria an der Straße

S. 84

1. Löse das Kreuzworträtsel mithilfe des Buches.

1) An einer Straßenkreuzung verdient Maria Geld mit dem Verkauf von …
2) Der Verkauf der Nüsse ist der einzige … für die kleine Familie.
3) Marias Mutter hat zuvor Reis und … gekocht und an Reisende verkauft.
4) Aber seit einiger Zeit ist Marias Mutter … und muss zu Hause bleiben.
5) Maria und ihre Mutter wohnen in einer winzigen …, die sich außerhalb der Innenstadt befindet.
6) Maria ist … Jahre alt.
7) Maria geht nicht zur Schule, weil die … und die Unterrichtsgebühren nicht bezahlt werden können.

2. Die fett umrandeten Buchstaben ergeben in der richtigen Reihenfolge das Lösungswort.

____ ____ ____ ____ ____ ____ ____
1 2 3 4 5 6 7

Maria ist ein ________________ und tapferes Mädchen.

Der Ausreißer

S. 86

1. Wer ist gemeint? Trage die Namen ein.

2. Warum rennt Erwin immer wieder weg?
   Schreibe den Satz auf und nenne die Textzeilen.

3. Warum hilft es Erwin, sich in die Bilder des Malers hineinzudenken?
   Begründe.

4. In den Zeilen 51 bis 56 wird ein Bild beschrieben. Male es.

Till Eulenspiegel als Bäckergeselle

S. 89

1. Warum gibt sich Till als Bäckergeselle aus?

2. Kann er wirklich backen?

3. Warum sagt der Bäcker zu Till, er soll „Eulen und Meerkatzen“ backen?

4. Was hat Till gebacken?

5. Warum ist der Bäckermeister am Schluss verärgert?

6. Schreibe eine eigene Eulenspiegel-Geschichte.

Marco Polo

S. 92

1. Lies den Text „Marco Polo“ aufmerksam und ermittle die Lösungswörter.

1) Marco Polo stammt aus der italienischen Stadt …
2) Im Jahr 1721 brach er zu einer Reise in den … Osten auf.
3) Seine Reise führte ihn bis ins Schwarze Meer. Von da zog er auf Karawanenstraßen durch … weiter nach Osten.
4) Als er nach 24 Jahren wieder nach Venedig zurückkehrte, verfasste er einen …, der ihn in ganz Europa berühmt machte.
5) Darin schilderte er zum ersten Mal Einzelheiten aus China, dem Reich des großen Herrschers … Khan.
6) Seit 1350 breitete sich zwischen Europa und dem Fernen Osten ein neues Herrschaftsgebiet aus: das … Reich.
7) Die Landwege standen nicht mehr offen. Alle Waren konnten nur noch über arabische Zwischenhändler nach Europa gelangen. Deshalb wurden …, Gewürze und Porzellan sehr teuer.

2. Die Buchstaben in den markierten Kästchen ergeben in der richtigen Reihenfolge das Lösungswort.

Marco Polo war ein berühmter ____ ____ ____ ____ ____ ____ ____ ____ ____ .
1 2 3 4 5 6 7 8 9

Heinrich der Seefahrer und Bartolomeu Diaz

S. 93

1. Lies den Text „Heinrich der Seefahrer und Bartolomeu Diaz“ aufmerksam und ermittle die Lösungswörter.

1) Im Jahr 1418 fasste der portugiesische König Heinrich der Seefahrer den Entschluss, einen Seeweg nach … zu finden.
2) Er ließ schnellere Schiffe bauen und schickte immer wieder … aus, die so weit wie möglich an der Küste Afrikas entlang in den Süden segeln und erkunden sollten, wo eine Wasserstraße nach Osten offen war.
3) Oft mussten die Kapitäne umkehren, weil sich die Matrosen vor der Weiterfahrt …
4) Sie dachten, dass die Erde eine … sei und dass im Süden große Meeresungeheuer lebten, die ganze Schiffe ins Verderben reißen.
5) Nach Marco Polos Reise zu Land in den Fernen Osten dauerte es noch ungefähr 200 Jahre, bis der … entdeckt wurde.
6) Im Jahr 1488 erreichte der portugiesische Kapitän Bartolomeu … die Südspitze Afrikas.
7) Die …straße nach Osten war gefunden.

2. Die Buchstaben in den markierten Kästchen ergeben in der richtigen Reihenfolge das Lösungswort.

___ ___ ___ Entdeckung der Wasserstraße war ein wichtiger Meilenstein für die Seefahrt.
1 2 3

Kolumbus segelt nach Westen

S. 94

1. Lies den Text „Kolumbus segelt nach Westen“ aufmerksam und ermittle die Lösungswörter.

1) Kolumbus hatte die Idee, Indien durch eine Seefahrt in Richtung … zu erreichen.
2) Die Gelehrten zur Zeit des Kolumbus wussten, dass die Erde keine Scheibe war, sondern die Gestalt einer … hatte.
3) Unbekannt war, dass im Westen noch ein Kontinent, …, lag.
4) Am 6. September 1492 segelte Kolumbus von Spanien aus hinaus auf den ….
5) Am 7. Oktober glaubte er, Indien gefunden zu haben, und nannte deshalb die Menschen dort ….
6) Durch die Plünderungen der Spanier und die Gegenwehr der Eingeborenen kam es zu blutigen …
7) Kolumbus wurde dafür … gemacht und in Ketten nach Spanien zurückgebracht.
8) Zwei Jahre … starb er.
9) Kolumbus war bis zu seinem Tod überzeugt, Indien erreicht zu haben, es war aber ein neue ….

2. Die Buchstaben in den markierten Kästchen ergeben in der richtigen Reihenfolge das Lösungswort.

Die Entdeckung eines neuen Kontinents hatte zur Folge, dass sich vieles

___ ___ ___ ___ ___ ___ ___ ___ ___ würde.
1 2 3 4 5 6 7 8 9

Vasco da Gama

S. 96

1. Lies den Text „Vasco da Gama“ aufmerksam und ermittle die Lösungswörter.

1) Im Jahr 1497 segelte der Portugiese Vasco da Gama ebenfalls zur Südspitze Afrikas, steuerte von dort aber entlang der afrikanischen Ostküste nach …
2) Im Mai 1498 erreichte seine Flotte die indische Hafenstadt …
3) Auf der Heimreise nach Portugal gab es viele Schwierigkeiten. Erst als die Seeleute die Südspitze Afrikas erreichten, waren sie zuversichtlich, wieder in die Heimat zu gelangen. Deshalb nannten sie die Südspitze Afrikas das „Kap der … Hoffnung“.
4) Im Juli 1499 kam die Flotte in … an.
5) Der Traum Heinrich des Seefahrers war Wirklichkeit geworden: der … nach Indien.
6) Im Jahr 1502 fuhr Vasco da Gama wieder nach Indien, um einen Stützpunkt zu erobern und … zu erkämpfen.
7) Nach heftigen Kämpfen auf See vernichteten die Portugiesen die gegnerische Flotte fast vollständig. Danach wurde verhandelt und es gelang schließlich, den … der indischen Fürsten gegen die Portugiesen zu überwinden.

2. Die Buchstaben in den markierten Kästchen ergeben das Lösungswort.

Kolumbus und seine Entdeckerkollegen sind auf der ganzen ____ ____ ____ ____ bekannt.
1 2 3 4

3. Füge nun die Lösungswörter der vier Rätsel (Seite 42 bis 45) so zusammen, dass sie einen sinnvollen Satz ergeben.

Schätze des Orients

S. 97

1. Was weißt du über die Personen? Male an:

Marco Polo = gelb
Heinrich der Seefahrer = rot
Christoph Columbus = blau
Vasco da Gama = grün

... schrieb einen Reisebericht.

... kam aus Venedig.

... gab der Südspitze Afrikas den Namen „Kap der guten Hoffnung".

... glaubte, den Seeweg nach Indien gefunden zu haben.

... zog auf der Karawanenstraße nach Persien.

... fuhr nie zur See.

... umrundete Afrika, um nach Indien zu kommen.

... versammelte Gelehrte, Kartenzeichner, Astronomen, Instrumentenbauer und Seefahrer an seinem Hof.

... war Vizekönig von Indien.

... ließ schnellere Schiffe bauen.

... wusste, dass die Welt eine Kugel ist.

... war Oberbefehlshaber der portugiesischen Flotte.

... wurde vom spanischen Hof mit drei Schiffen ausgerüstet.

... erkämpfte Handelsrechte mit Waffengewalt.

... segelte bis ins Schwarze Meer.

2. Es gibt noch andere Entdecker. Informiere dich im Internet, z. B. auf www.blindekuh.de über Ferdinand Magellan.

Name:	Ferdinand Magellan
Herkunftsland:	
geboren:	
gestorben:	
Leistung:	

Galileo Galilei erforscht die Sterne

S. 98

1. Ergänze die Städtenamen.
2. Fülle die Lücken aus.

Zeile	Wo?	Was?
Z. 1 – 11	___	Galileo Galilei wird im Jahr ___ geboren. Mit 15 studiert er auf Wunsch seines Vaters ___.
Z. 12 – 17	___	Er studiert sein Lieblingsfach ___ und macht physikalische Experimente.
Z. 18 – 46	___	Im Alter von ___ Jahren wird er Lehrer für Mathematik an der Universität. Er widerlegt die Annahme, dass schwere Gegenstände ___ fallen als leichte.
Z. 46 – 69	___	Galileo wird Professor. Er kommt zu der Erkenntnis, dass sich nicht die Sonne um die Erde dreht, sondern andersherum, die Planeten um die ___. Aus Angst vor der Todesstrafe wegen Ketzerei behält er aber seine Erkenntnisse für sich.

Galileo Galilei erforscht die Sterne

S. 98

Zeile	Wo?	Was?
Z. 70 – 92	Besuch in ___	Er erfährt von der Entwicklung des ___ in Holland und baut sein eigenes, das er selbst immer weiter entwickelt.
Z. 101 – 104	___	Er wird an den Hof nach Florenz gerufen und mit den Ehren eines ___ ausgestattet. Er gründet eine Familie.
Z. 105 – 120	___	Er wird der ___ angeklagt, weil er mit seiner Forschung die Lehre der Kirche infrage stellt. Aus Angst vor einem Todesurteil widerruft er seine Erkenntnisse in der Öffentlichkeit.
Z. 121 – 127	___	Er stirbt am 8. Januar ___ im Alter von 78 Jahren.

1. Lies noch einmal die Zeilen 8 bis 26.
   Beschreibe mithilfe der Wörter bei den Bildern unten den Mittelteil des Erlebnisses.

Ich saß gemütlich auf dem Teppich in Arthurs Zimmer, da ging plötzlich die Tür auf und

Auf einmal reichte es mir. Jetzt sollten die Jungen wissen, mit wem sie es zu tun hatten. Ich hob die Arme und beendete das Gekeife mit einem Zauberspruch ...

zwei gleich aussehende Menschengeschöpfe

schnappen

quälen

Arthur

sich wehren

das Lachen vergehen

drohen

2. Was erweckt Potilla mit ihrer Feenmacht zum Leben?

Baron von Münchhausen: Das Pferd auf … S. 108

1. Beschreibe, was auf den sechs Bildern passiert.

a)

b)

c)

d)

e)

f)

Baron von Münchhausen: Das Pferd auf …

S. 108

2. Münchhausen wird auch **Lügenbaron** genannt. Erkläre.

____

____

3. Welche Aussagen aus dem Text sind gelogen? Kreuze an.

- [ ] Im Sommer gibt es eine Mückenplage in Russland.
- [ ] Im Winter ist es in Russland sehr kalt.
- [ ] Der Schnee kann unbemerkt über Nacht wegschmelzen.
- [ ] Ein Pferd kann einen Sturz aus solcher Höhe unverletzt überstehen.

4. Welche Gründe hatte der Baron, solche Geschichten zu erzählen?

- [ ] Er hat diese Geschichten genau so erlebt.
- [ ] Er wollte die Leute mit seinen Geschichten belustigen und unterhalten.
- [ ] Er wollte vor den Leuten angeben und zeigen, was für ein toller Kerl er war.

5. Schreibe selbst eine Lügengeschichte in dein Heft.
Wichtig ist dabei, dass du übertreibst und die Wirklichkeit so richtig verdrehst.
Schreibe in der Ich-Form und verwende einige der folgenden Satzbeispiele.

> Ihr werdet nicht glauben, was mir passiert ist …
>
> Ich traute meinen Augen kaum …
>
> Ich glaubte, zu träumen …
>
> Es war nicht zu fassen …
>
> Unfassbar, was dann geschah …
>
> Glaubt nicht, dass …

Rumpelstilzchen

1. Finde heraus, welche Aussage auf welche Person aus dem Märchen zutrifft. Verbinde.

der arme Müller

die schöne Müllerstochter

der König

Rumpelstilzchen

ein Bote

ist gierig nach Gold und nutzt die Müllerstochter aus, um noch reicher zu werden.

ist verzweifelt, weil sie etwas eigentlich Unmögliches tun soll, nämlich Stroh zu Gold spinnen.

wird von der Königin ausgesandt, um den Namen des Männleins herauszufinden.

möchte, dass seine Tochter ein besseres Leben hat, als er ihr bieten kann.

fordert das Kind von der Königin und gibt ihr nur eine winzige Chance, es zu behalten.

2. Was erfährst du über die Müllerstochter am Anfang des Märchens?

3. Wie versucht der Müller, den König auf seine Tochter aufmerksam zu machen?

Rumpelstilz sucht Freunde

S. 113

1. Rumpelstilz schreibt eine Kontaktanzeige fürs Internet.
   Die Aussagen entsprechen sinngemäß den Aussagen aus dem Gedicht.
   Bringe sie in die Reihenfolge, wie sie im Gedicht vorkommen.
   Nummeriere.

- ◯ Alle Feiertage muss ich allein verbringen, obwohl ich ein sehr gastfreundlicher Typ bin.
- ◯ Ich möchte mich vorstellen: Rumpelstilz ist mein Name.
- ◯ Ich bin sehr kontaktfreudig und gesprächig. Leider hat mich schon lange keiner mehr angerufen.
- ◯ Ich würde mich über mehr Ansichtskarten und Einladungen freuen, damit ich merke, dass jemand an mich denkt.
- (1) Ich finde es bedauerlich, dass mich keiner kennt.
- ◯ Ich wünsche mir eine nette Frau, die mich liebt und die mich morgens fragt, ob ich gut geschlafen habe.
- ◯ Ich schreibe diese Anzeige, weil ich nicht länger allein bleiben möchte.

2. Schreibe die Anzeige in der richtigen Reihenfolge auf.

Klopoteks Boxer

S. 114

1. Was gefällt Motte an der Verwandlung? (Z. 8 – 10)

2. Lies noch einmal die Textstellen und beende die Sätze.

Z. 13 – 16: Normalerweise versteckt sich Motte in der Wohnung, wenn er das Hecheln von Klopoteks Boxer hört,

aber heute Nacht

Z. 21 – 28: Normalerweise wäre Motte vor Angst die Treppe runtergefallen, wenn Nero auf ihn losgesprungen wäre,

aber heute Nacht

Z. 33 – 37: Normalerweise wären Herr Klopotek und sein Boxer die eindeutig Stärkeren gewesen,

aber heute Nacht

Z. 46 – 49: Normalerweise kann es für Motte nicht hell genug sein, wenn er sich mit Lina in ihrem Geheimversteck trifft,

aber heute Nacht

Klopoteks Boxer

S. 114

1. Was ist mit Motte heute Nacht los? Erkläre.

____

____

____

2. Wie reagiert Lina, als sie Motte sieht?

____

____

3. Kannst du Linas Reaktion verstehen? Begründe.

____

____

____

4. Für Motte ist alles zu viel. Er ist verzweifelt.
Ihm schwirren tausend Gedanken durch den Kopf.
Vervollständige die Sätze.

Was ist nur ________________?

Erklärt mir denn keiner, ______________________________?

Reagieren alle ______________________________?

Warum ______________________________?

Ob ich wohl ______________________________?

Lina: bitte ________________!

Fantastisch finde ich aber, ______________________________.

Papa, wann darf ich mit?

S. 118

1. Trage auf der Karte Alaska, Anchorage und Aleuten ein.

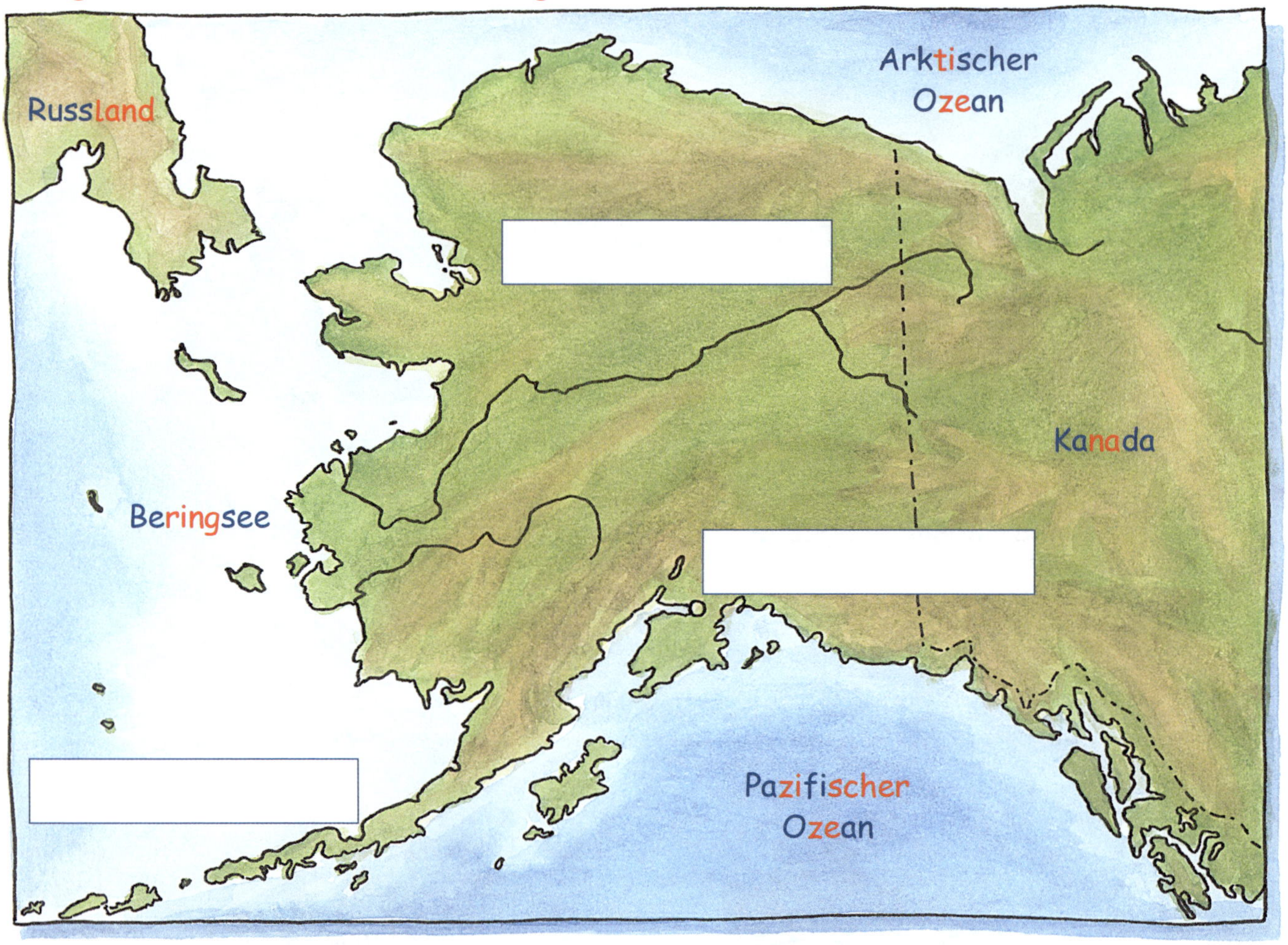

2. Erik schreibt ein Reisetagebuch. Ergänze.

Reisetagebuch von: ______________________

Wer begleitet ihn? ______________________

Von wann bis wann geht die Reise? ______________________

Wohin geht die Reise? ______________________

Warum verreisen sie? ______________________

Womit verreisen sie? ______________________

Mäuserettung

S. 120

1. **Z. 1 – 4**: Schildere das Problem auf dem Dachboden von Jettes Familie.

2. Wie will Jettes Mutter das Problem lösen?

3. Jette ist damit nicht einverstanden.
   Was unternimmt sie gemeinsam mit ihren Freunden,
   um die Tötung der Mäuse durch die Fallen zu verhindern?

   Z. 4, 5:

   Z. 12 – 14:

   Z. 15 – 19:

   Z. 20 – 27:

4. **Z. 40**: Als die erste Maus in der Lebendfalle gefangen wird,
   bringt Jette sie in die Küche. Wie reagiert ihr Vater darauf?

5. **Z. 45 – 52**: Warum wirft die Mutter die „Todesfallen" in den Müll?

Der Hase Theodor

S. 122

1. Fülle die Lücken aus.

Zwergkaninchen im Allgemeinen

Im Vergleich zu Stallkaninchen oder Hasen aus dem Wald sind Zwergkaninchen ____________________. Sie wurden zum reinen ______________ gezüchtet: für den Schoß und das Zimmer. Zwergkaninchen haben kürzere ______________ und sind nicht größer als eine ______________. Wie alle Nager brauchen sie weder Wasser noch Milch. Sie nehmen die nötige Flüssigkeit mit dem ______________ auf, die sie täglich in großen Mengen verzehren. Allen ______________ wachsen die Zähne über die normale Größe hinaus, wenn sie sich nicht täglich an harten Gegenständen „______________".

2. Fülle die Lücken aus.

Das Zwergkaninchen Theodor

Theodor ist ein solches Zwergkaninchen. Sein Fell ist ganz ________ mit ______________ Härchen an den Löffelspitzen und den ________________. Seine Augen sind ________. Theodor ist kein lebenstüchtiger Hase. Er vergaß irgendwann, sich an harten Gegenständen zu „verbeißen", sodass die Vorderzähne immer ______________ wurden. Damit er wieder richtig ______________ kann, muss der Tierarzt die Vorderzähne abzwicken.

Der Hase Theodor

S. 122

1. Wie erreicht Clemens, dass ihm seine Eltern einen Zwerghasen kaufen?

2. Was fordern die Eltern von Clemens?

3. Zuerst ist Clemens begeistert. Wie verhält er sich später?

4. Wie beurteilst du Clemens' Verhalten?

5. Wer versorgt den Zwerghasen Theodor anstelle von Clemens? Lies noch einmal die Zeilen 34 – 38.

6. Was macht den Vater zornig? Lies noch einmal die Zeilen 9 – 11, 18 – 19, 39 – 40 und 44 – 49.

Der Löwe und das Mäuschen

S. 125

1. Welche Eigenschaften passen zum Löwen, welche zur Maus, als die beiden sich zum ersten Mal begegnen? Lies noch einmal die Zeilen 1 bis 9 und markiere dann die Eigenschaften des Löwen gelb und die der Maus grün.

2. Welche Eigenschaften passen bei der zweiten Begegnung zum Löwen und zur Maus? Lies noch einmal die Zeilen 10 bis 15 und markiere dann die Eigenschaften des Löwen gelb und die der Maus grün.

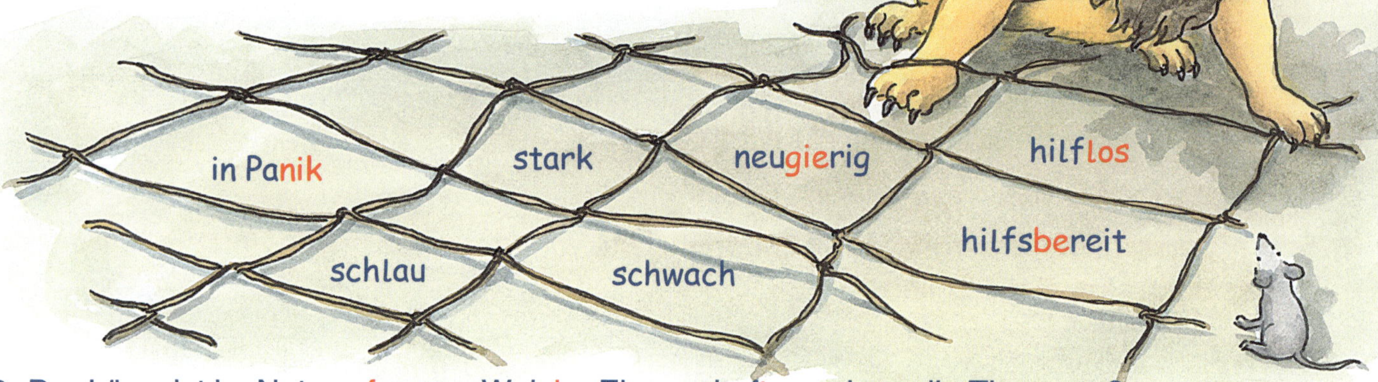

3. Der Löwe ist im Netz gefangen. Welche Eigenschaften zeigen die Tiere nun?

____

____

4. Welche der Fabellehren passen zu der Fabel? Kreuze an.

- ☐ Wer anderen eine Grube gräbt, fällt selbst hinein.
- ☐ Keiner ist so schwach, dass er nicht auch einmal einem Starken helfen könnte.
- ☐ Wer im Glashaus sitzt, sollte nicht mit Steinen werfen.
- ☐ Wenn zwei sich streiten, freut sich der Dritte.
- ☐ Unterschätze auch einen schwächeren Gegner nicht.
- ☐ Auch die scheinbar Kleinen können für die Mächtigen stark und von Bedeutung sein.

Der Löwe und das Mäuschen

 *S. 125*

1. Bringe die Sätze in die richtige Reihenfolge.

◯ Der Löwe steckt hilflos im Netz, das Mäuschen befreit ihn.

◯ Das Mäuschen fleht um sein Leben und schwört ihm ewige Dankbarkeit.

◯ Das Mäuschen stört den Löwen im Schlaf und er packt es verärgert.

◯ Der Löwe lacht über den Dank des Mäuschens, aber er lässt es laufen.

2. Male ein Bild zu jedem Satz. Lies dazu auch die vier Abschnitte im Buch.

(1)

(2)

(3)

(4)

Wenn dich ein Löwe nach der Uhrzeit fragt

S. 128

1. Was erfährt man über die Familienmitglieder?
   Trage ein.

Name ______________________

Spitzname ______________________

Alter ______________________

Was kann er besonders gut?

____

____

Name ______________________

Spitzname ______________________

Herkunftsland ______________________

Was für eine Farm betreibt sie?

____

____

Name ______________________

Spitzname ______________________

bekannt als ______________________

Herkunftsland ______________________

Beruf ______________________

Was sucht er zusammen mit seinen Arbeitern?

____

____

2. Welches Unglück passiert?

____

____

Wenn dich ein Löwe nach der Uhrzeit fragt

S. 128

1. **Z. 15 – 16**: Welches Problem hat Temeos Mutter nach dem Unfall?

2. **Z. 17 – 18**: Womit beauftragt sie Temeo?

3. **Z. 18 – 23**: Wie soll Temeo den Auftrag ausführen?

4. **Z. 24, 25**: In welcher Kleidung macht sich Temeo auf den Weg? Erkläre.

5. Auf dem Weg gibt es für Temeo mehrere Hindernisse. Vervollständige die Sätze.

   a) *Schon nach hundert Metern waren die neuen Schuhe verstaubt,*

   doch zum Glück

   b) *Beinahe wäre Temeo von einer Herde Watussi-Ungeheuer überrannt worden,*

   doch zum Glück

   c) *Beinahe hätte der Wächter Temeo nicht in das Haus von Mister Christofer hineingelassen,*

   doch zum Glück

Der Menschenfresser

 S. 132

1. Vervollständige den Steckbrief.

Spottname Menschenfresser

Z. 22: richtiger Name ______________________

Z. 20: wohnt in einem ______________________

Z. 12 – 14: Aussehen

____

____

Z. 37 – 40: Warum hat er angefangen zu trinken?

____

____

____

____

2. Was meint Michi mit dem Spottnamen „Menschenfresser“?

- ☐ Der Mann ist offensichtlich Kannibale.
- ☐ Michi hat das Vorurteil, dass ein so wüst aussehender Mann böse sein muss.
- ☐ Michi geht davon aus, dass der Mann zu den Menschen gehört, die nichts mehr „zu fressen“ haben.

Der Menschenfresser

S. 132

1. Wie nennen der Erzähler und Michi und am Ende „alle“ den Mann, den sie in der Kleingärtneranlage sehen?
   Schaue im Buch nach und schreibe auf.

   Z. 14 – Erzähler: der Betrunkene

   Z. 16 – Michi: ______

   Z. 19 – Michi: ______

   Z. 23 – Erzähler: ______

   Z. 28 – Erzähler: ______

   Z. 34 – Erzähler: ______

   Z. 35 – Michi: ______

   Z. 36 – Erzähler: ______

   Z. 43 – Michi: ______

   Z. 46 – alle: ______

2. Warum nennt der Erzähler den Mann ab Zeile 31 nicht mehr „Menschenfresser“?

______

______

______

3. Warum ändert Michi seine Meinung über den Mann nicht?

______

______

______

4. Michi erzählt der Mutter vom „Menschenfresser“. Welche Folgen hat das?

______

______

______

Dachbodenluft schmeckt anders

S. 134

1. Wie steht Jo zu seinem neuen Vater, zu seiner neuen Schwester?

2. Wie zeigt Jo seinem neuen Vater, dass er ihn nicht mag?

3. Welche Strafe erteilt der Stiefvater Jo?

4. Beurteile das Verhalten von Jo und die Strafe, die ihm sein Vater darauf erteilt.
   Was hätten beide besser machen können?

☐ Das Verhalten von Jo finde ich richtig, ...

☐ Das Verhalten von Jo finde ich falsch, ...

weil .

Er hätte

☐ Die Strafe, die der Vater Jo erteilt finde ich gerecht, ...

☐ Die Strafe, die der Vater Jo erteilt finde ich ungerecht, ...

weil .

Er hätte

Dachbodenluft schmeckt anders

S. 134

5. Was fühlt Jo, als er auf dem Dachboden sitzt?

6. Jule kommt zu Jo auf den Dachboden.
   Wie schafft sie es, dass Jo seine Wut vergisst? (Lies dazu noch einmal Z. 17 – 29.)

7. Wie reagiert die Mutter, als sie von der Bestrafung ihres Sohnes erfährt?

   Z. 35, 36:

   Z. 41:

   Z. 42:

8. Wohin gehen Jo oder Jule jetzt immer, wenn sie Ärger haben?
   Warum tun sie das? (Lies dazu noch einmal Z. 21 – 25 und Z. 45 – 47.)

9. Wie stellst du dir den Dachboden von Jo und Jule vor?
   Male ein Bild.

Der Rattenfänger zu Hameln

S. 136

1. Bunting, der Rattenfänger zu Hameln, erzählt. Verbinde, was zusammengehört. Schreibe dann die Geschichte in dein Heft.

Im Jahre 1284 ging ich nach … ○	○ die Stadt Hameln von der Rattenplage zu befreien.
Man nannte mich damals Bunting, weil … ○	○ und pfiff.
Ich gab mich als Rattenfänger aus und versprach … ○	○ Hameln.
Die Bürger wurden mit mir einig und versprachen mir … ○	○ ich bunte Kleider trug.
Da zog ich ein Pfeifchen heraus … ○	○ aus der Stadt hinaus an die Weser.
Alle Ratten und Mäuse versammelten sich um mich herum und ich führte sie … ○	○ einen guten Lohn, wenn mir das gelingen würde.
An der Weser trat ich in das Wasser, worauf … ○	○ verweigerten mir die Bürger den versprochenen Lohn.
Doch als ich in die Stadt, die ich von der Plage befreite, zurückkam und meinen Lohn haben wollte, … ○	○ wütend.
Das machte mich … ○	○ mir alle Tiere folgten, hineinstürzten und ertranken.

2. Was ist seine Rache?

Wie die Schrift erfunden wurde

S. 141

1. Kreuze die richtigen Antworten an.

   a) Was war Ursprung aller Buchstaben?

   ☐ (T) Laute
   ☐ (W) Bilder

   b) Worin besteht der Vorteil von Bildzeichen?

   ☐ (E) Sie sind schön bunt.
   ☐ (Ö) Sie sind international verständlich.
   ☐ (A) Sie sind einfach zu malen.

   c) Was bedeutet dieses Bildzeichen?

   ☐ (S) Einbahnstraße
   ☐ (R) Sackgasse
   ☐ (N) Achtung: hohe Mauer

   d) Was bedeutet dieses Bildzeichen?

   ☐ (S) krebserzeugend
   ☐ (M) tödlich
   ☐ (T) giftig

   e) Was bedeutet dieses Bildzeichen?

   ☐ (I) Zieleinlauf beim Sport
   ☐ (E) Notausgang
   ☐ (K) Weg zum WC

   f) Welche Sprache besteht nur aus Schriftzeichen?

   ☐ (R) Chinesisch
   ☐ (T) Deutsch
   ☐ (N) Türkisch

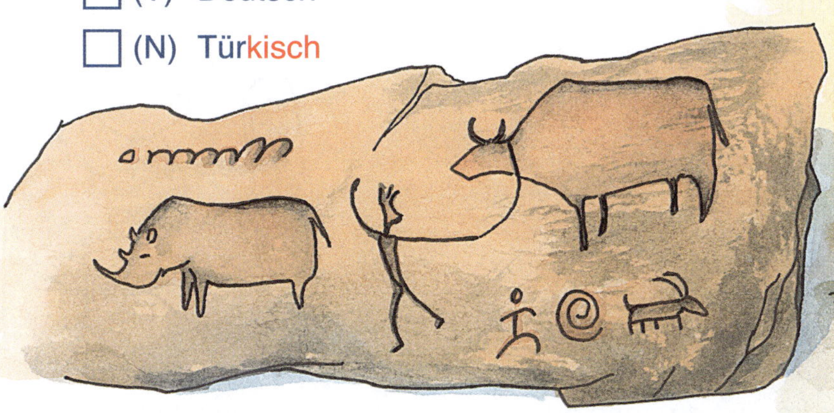

2. Trage das Lösungswort ein.

   Lösungssatz: __ __ __ __ __ __ bestehen aus Buchstaben.
   a) b) c) d) e) f)

Wie die Schrift erfunden wurde

S. 141

1. Löse die Rebusse von Seite 141 und die beiden neuen.
   Tipp: Die neuen Rebusse findest du auch bei den Titeln im Lesebuch.

Lösung: ______________________

Lösung: ______________________

Lösung: ______________________

Lösung: ______________________

2. Erfinde einen eigenen Rebus und lasse ihn von einem anderen Kind lösen.
   Tipp: Versuche es mit zusammengesetzten Nomen wie z. B. Regenmantel.

Lösung: ______________________

3. Was bedeuten die verkürzten SMS-Schreibweisen? Helft euch gegenseitig.

Gute Nacht

____

____

____

4. Welche verkürzten Schreibweisen kennst du noch aus SMS, Mails oder vom Chatten?

____

____

Der Buchdruck veränderte die Welt

S. 142

1. Löse das Kreuzworträtsel mithilfe des Buches.

1) Zuerst druckte Gutenberg eine lateinische …
2) Gutenbergs Hauptwerk war die …
3) 1527 wurde die erste … in deutscher Sprache gedruckt.
4) Jetzt konnten auch Kinder der … und Handwerker das Lesen lernen.
5) 1605 erschien in … die erste gedruckte Zeitung.
6) 1999 wurde Gutenberg zum Mann des … gewählt.

2. Die fett umrandeten Buchstaben ergeben in der richtigen Reihenfolge das Lösungswort.

___ ___ ___ ___ ___ ___ ___ ___
1 2 3 4 5 6 7 8

Lösungssatz: Johannes Gutenberg war ein wichtiger ________________.

Ein Tag bei den Turbo-Tippern

S. 144

1. Schreibe auf, wer was macht. Denke an den Artikel.

______________________ *schreibt die Artikel.*

______________________ *trifft die Entscheidung, was veröffentlicht wird.*

______________________ *berichtet dem Chefredakteur, was seine Redakteure alles schreiben möchten.*

______________________ *entscheidet, wo welcher Artikel stehen soll.*

2. Von der Nachricht bis zur Zeitung im Briefkasten sind viele Menschen beteiligt. Wer wird noch in dem Text genannt? Was machen sie?

____

____

____

____

____

____

____

____

3. Welcher Beruf bei der Zeitung könnte dir gefallen? Begründe.

____

____

____

____

Frühling – Die vier Brüder

S. 148

1. Wer sind die vier Brüder?

2. Welche Wörter in den Strophen verraten, um welche Jahreszeit es sich handelt? Schreibe sie auf.

Frühling:

Sommer:

Herbst:

Winter:

3. Welche Jahreszeit magst du am liebsten? Mache deine persönliche Rangordnung und schreibe, was du an den Jahreszeiten magst und was nicht.

   Denke z. B. an Wetter, Schule, Ferien, Spiele, Hobbys, Treffen mit Freunden oder Feste.

Meine Nummer 1:

Meine Nummer 2:

Meine Nummer 3:

Meine Nummer 4:

Frühling – Frühlingswünsche

S. 149

1. In dem Frühlingsgedicht werden Spuren vom Winter genannt.
   Schreibe in Stichworten auf.

2. Wie kündigt sich der Frühling an?

a) Die Amsel

b) Die Katze

c) Die Gräser

d) Was kann der Großpapa tun?

e) Wie fühlt sich die Luft an?

3. Welchen Wunsch hat das „Ich" im Gedicht?

Sommer – Ich bin der Juli

S. 150

1. Der Juli sagt, was im Sommer geerntet werden kann.
   Schreibe auf.

2. Wo sind diese Feld- und Gartenfrüchte auf dem Bild?
   Markiere sie mit einem Pfeil und male sie in der passenden Farbe an.
3. Male ein eigenes Bild mit allen Früchten, die du vom Sommer kennst.

4. Welches Wetter herrscht in dem Gedicht?

Am Anfang spürt man die ______, dann kommen ______ und
man ______. Bald bringt ______
Regen und ______.

Sommer – Sommer

S. 151

1. Welche Merkmale treffen auf dieses Gedicht zu?
   Kreuze an.

   - [ ] (K) Es reimt sich nichts.
   - [ ] (G) Es reimen sich immer zwei Zeilen.
   - [ ] (U) Die Anfangsbuchstaben der Zeilen ergeben zusammen ein Wort.
   - [ ] (A) Wenn man jedes zweite Wort liest, ergibt sich eine Geheimbotschaft.
   - [ ] (R) Alle Wörter fangen mit dem gleichen Buchstaben an.
   - [ ] (T) Alle Zeilen zusammen ergeben einen Satz.

2. Die Buchstaben vor den richtigen Merkmalen ergeben
   ein Lösungswort.

   Trage das Lösungswort ein: ____________ gemacht!

Akrostichon

Bei einem Akrostichon bilden die Anfangsbuchstaben aufeinanderfolgender Wörter oder Sätze ein Nomen.

3. Schreibe selbst ein Akrostichon zum Thema Sommer.

S ____________________

O ____________________

M ____________________

M ____________________

E ____________________

R ____________________

S. 152, 153

1. Beantworte die Fragen mithilfe des Buches und trage die Lösungen ein.

1) Viele Touristen besuchen jedes Jahr zur … die Gegend der Großen Seen in den USA.
2) Sie erleben dort den Indian Summer: die herbstliche … der Laubwälder.
3) Die Laubwälder leuchten in allen …
4) Eine Indianersage erklärt, warum sich die Blätter der Bäume so tiefrot verfärben: Vier Jäger hörten von einem riesigen Bären, einem mächtigen Tier, und dachten, es sei womöglich ein Ungeheuer mit …
5) Sie merkten schnell, dass es sich um den … Nyah-gwaheh handelte, von dem ihre Stammesältesten erzählten.
6) Es hieß, dass seine … verschwindet, wenn man sie verfolgt. Die Jäger gingen mit ihrem Hund Vier-Auge fast ein Jahr lang auf die Jagd, bis sie den Bären endlich stellen und töten konnten.
7) Die Jäger zerlegten ihn und während sie sein Fleisch aßen, bemerkten sie über und unter sich glitzernde … Der Bär hatte sie bis hinauf in den Himmel geführt.
8) Plötzlich bellte Vier-Auge: Der weiße Bär erwuchs neu aus den … und flüchtete. Die Jäger griffen ihre Speere und wieder begann die Jagd.

2. Ermittle das Lösungswort:

Der Indian Summer geht zurück auf eine Sage der Indianer vom Stamm

der ____ ____ ____ ____ ____ ____ ____ ____ .
1) 2) 3) 4) 5) 6) 7) 8)

S. 152, 153

1. Wie heißt das Sternbild, in dem die Irokesen den Riesenbären und seine Verfolger am Himmel sehen?

2. Suche im Text die Stelle, die beschreibt, wie sich die Irokesen erklärt haben, dass sich die Blätter im Herbst tiefrot färben.
Gib die Zeilen an und schreibe die Information heraus.

3. Welches bei uns bekannte Sternbild hat mit dem Großen Bären zu tun? Erkläre.

4. Zeichne um das Sternbild den Umriss des Bären.

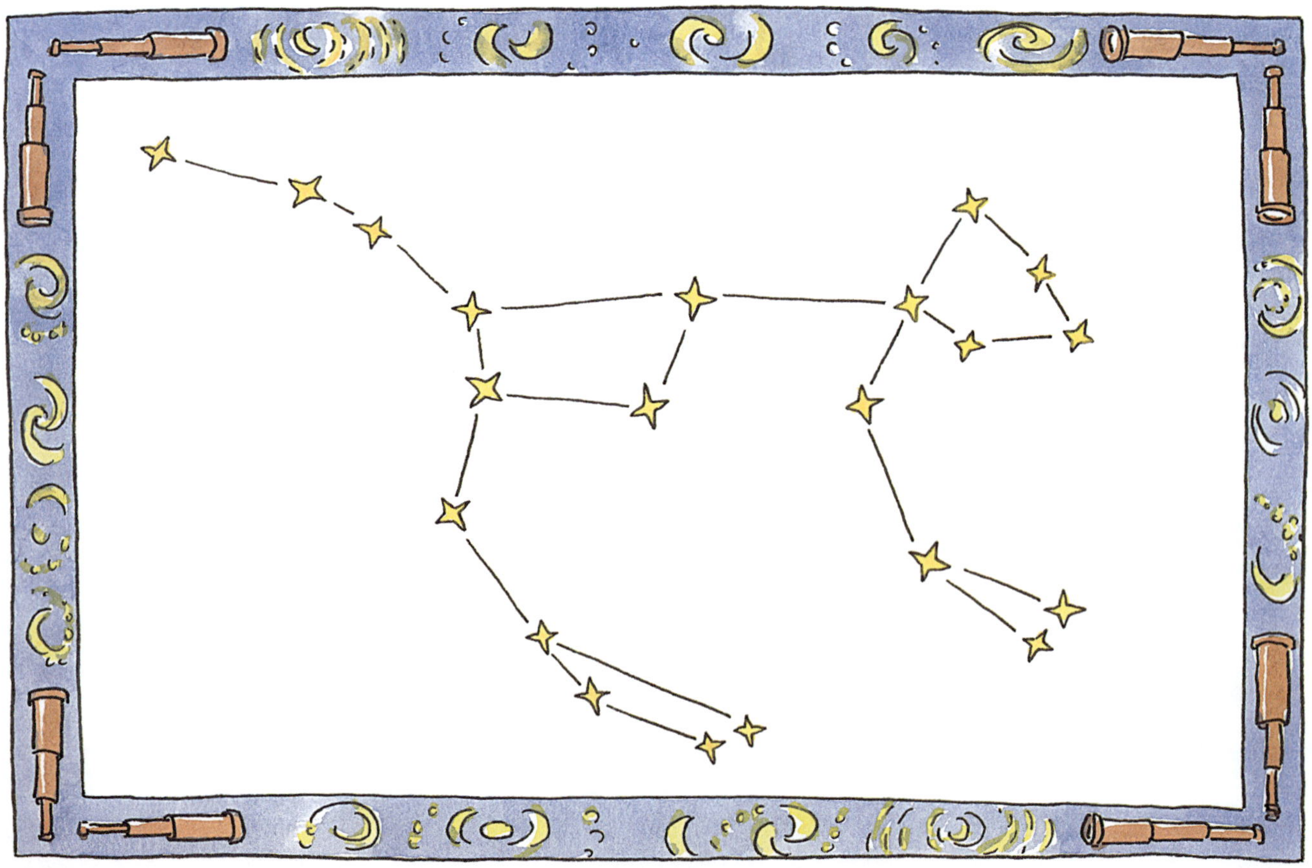

Winter – Weihnachten

S. 154

1. Die Tiere streiten darüber, was das Wichtigste am Weihnachtsfest ist.
   Lies nach und ergänze die Tabelle.

Fuchs 	
	Schnee 
Reh 	
	schummrige und gemütliche Stimmung 
Pfau 	
	Schmuck 
Bär 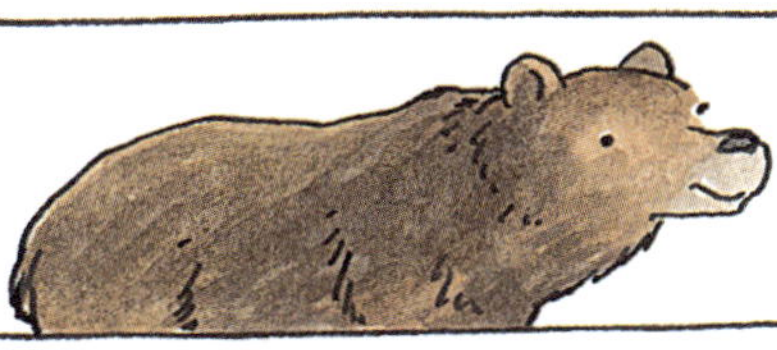	
	mal richtig pennen 
Ochse 	
	das Kind 

2. Warum ist es wichtig, zu Weihnachten an das Kind zu denken?

S. 154

1. Was ist deine Meinung über die Wünsche der Tiere?

2. Wie reagiert der Ochse auf den Tritt des Esels? Erkläre.

3. Ausgerechnet der Esel erinnert die Tiere an das Wichtigste am Weihnachtsfest. Was denkt man normalerweise über ihn? Was ist jetzt anders?

4. Der Ochse fragt den Esel: „Übrigens, wissen das eigentlich die Menschen?“ Schreibe die Antwort des Esels auf.